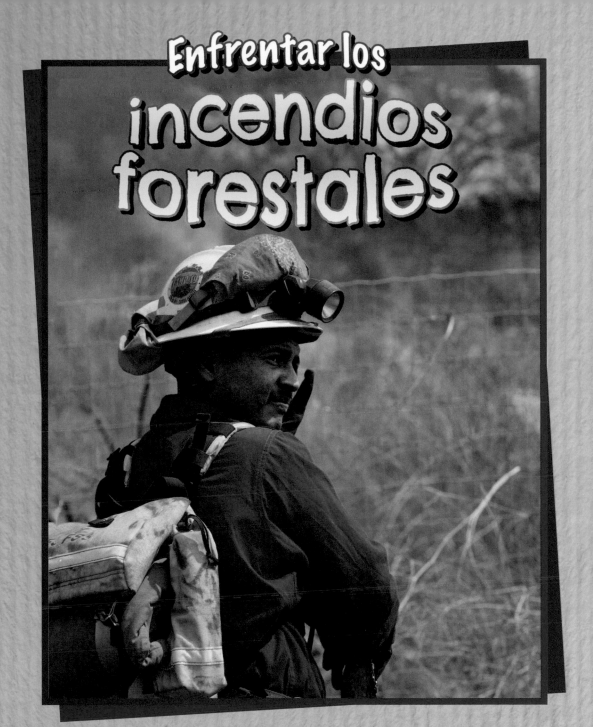

Enfrentar los
incendios forestales

Kristy Stark, M.A.Ed.

Smithsonian

T0002537

Autora contribuyente

Jennifer Lawson

Asesores

Frederick M. Gordon
Bombero/técnico
Distrito de Columbia

Sharon Banks
Maestra de tercer grado
Escuelas Públicas de Duncan

Créditos de publicación

Rachelle Cracchiolo, M.S.Ed., *Editora comercial*
Conni Medina, M.A.Ed., *Redactora jefa*
Diana Kenney, M.A.Ed., NBCT, *Directora de contenido*
Véronique Bos, *Directora creativa*
Robin Erickson, *Directora de arte*
Michelle Jovin, M.A., *Editora asociada*
Caroline Gasca, M.S.Ed., *Editora superior*
Mindy Duits, *Diseñadora gráfica superior*
Walter Mladina, *Investigador de fotografía*
Smithsonian Science Education Center

Créditos de imágenes: portada, pág.1 Francis Specker/Alamy; págs.2–3, pág.19 Stuart Palley/Zuma Press/Alamy; pág.4 (inferior) Paul Kuroda/Zuma Press/Newscom; págs.4–5 Daniel Dreifuss/newzulu/Newscom; pág.5 (inferior) Li Ying Xinhua News Agency/Newscom; pág.8 (inferior), pág.22 (inferior) David R. Frazier Photolibrary, Inc./Science Source; pág.11, págs.26–27 USDA, fotografía de Lance Cheung; págs.12–13 A. T. Willett/Alamy; pág.13 (inferior) Paul Rodriguez/Zuma Press/Newscom; pág.14 Georgia National Guard; pág.17 (superior), pág.18 Benjamin Kadouch; pág.17 (inferior) U.S. Forest Service, fotografía de Mike McMillan; pág.20 Jessica Brandi Lifland/Polaris/Newscom; pág.21 (superior) Mark McKenna/Zuma Press/Newscom; pág.26 (inferior) USDA, fotografía de Scott Bauer; todas las demás imágenes cortesía de iStock y/o Shutterstock.

Library of Congress Cataloging-in-Publication Data

Names: Stark, Kristy, author.
Title: Enfrentar los incendios forestales / Kristy Stark, Smithsonian Institution.
Other titles: Dealing with Wildfires. Spanish
Description: Huntington Beach : Teacher Created Materials, [2020] | Includes index. | Audience: Grades 2-3
Identifiers: LCCN 2019047723 (print) | LCCN 2019047724 (ebook) | ISBN 9780743926492 (paperback) | ISBN 9780743926645 (ebook)
Subjects: LCSH: Wildfires--Juvenile literature.
Classification: LCC SD421.23 .S7318 2020 (print) | LCC SD421.23 (ebook) | DDC 634.9/618--dc23

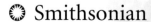

Smithsonian

Teacher Created Materials

5301 Oceanus Drive
Huntington Beach, CA 92649-1030
www.tcmpub.com
ISBN 978-0-7439-2649-2

Contenido

Hacerse humo

Unas enormes llamas rojas y anaranjadas queman un sendero que sube por una colina. Las llamas queman hojas secas debajo de unos árboles. Los vientos fuertes empujan las llamas hacia las casas de la colina. Los dueños de las casas, asustados, observan una gran **columna** de humo que se eleva hacia el cielo.

Los incendios forestales ocurren al aire libre, en zonas arboladas o en campo abierto. Son incendios que pueden salirse de control. **Se propagan** rápido. Pueden ser muy peligrosos.

El dueño de una casa observa un incendio forestal desde una distancia segura.

columna de humo

5

Causas de los incendios forestales

Una chispa basta para desatar un incendio forestal. El viento, las hojas secas y la **maleza** pueden convertir una chispa pequeña en una llama enorme. Pero ¿cómo se produce la chispa que enciende el fuego?

La gente puede provocar incendios

Las personas son la causa de la mayoría de los incendios forestales. Los campistas pueden dejar las brasas de una fogata. El calor del **tubo de escape** de un carro puede causar una chispa. La mayoría de las veces, las personas no querían causar el incendio. Son accidentes.

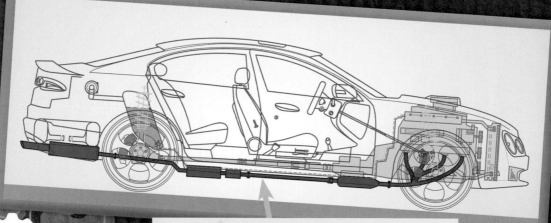

El tubo de escape de un carro va desde el motor hasta la parte trasera.

Unos campistas tuestan malvaviscos en una fogata.

La ciencia del fuego

El fuego necesita tres cosas: calor, **combustible** y oxígeno. El calor de un tubo de escape puede iniciar el fuego. Las plantas cercanas pueden servir de combustible y el oxígeno está en el aire. Los bomberos deben quitar una de esas tres cosas para apagar un incendio.

OXÍGENO
CALOR
COMBUSTIBLE

La naturaleza puede provocar incendios

Los incendios forestales también pueden tener causas naturales. Los **rayos** a veces desatan incendios forestales. Un rayo puede crear una chispa que prende fuego un árbol. Los vientos fuertes pueden llevar las llamas a otras plantas y a otros árboles.

La lava de los volcanes también puede desatar incendios forestales. La lava está muy caliente. Puede prender fuego el pasto seco y las plantas. Eso puede desatar un incendio forestal.

Un rayo desata un incendio forestal.

La lava hace arder un bosque.

Un rayo puede calentar el aire que lo rodea a una temperatura cinco veces mayor que la de la superficie del Sol.

Combatir los incendios forestales

Los bomberos combaten las llamas de diferentes maneras. Pero los **métodos** y las herramientas que usan dependen del tipo de incendio. Hay tres tipos de incendios forestales.

Incendio subterráneo

Uno de los tipos de incendio forestal es el incendio subterráneo. En un incendio subterráneo se quema lo que está debajo de la tierra, como las raíces. No hay llamas. Pero sí hay mucho humo.

En un incendio subterráneo se queman las raíces que están debajo de la tierra.

Estos bomberos usan herramientas de mano para apagar un incendio subterráneo.

Incendio de copas

El incendio de copas es el segundo tipo de incendio forestal. Este tipo de incendio se propaga por las copas de los árboles. Las llamas son muy intensas.

Un incendio de copas puede propagarse rápidamente debido a los vientos fuertes que pueden soplar a través de la copa de los árboles. El viento esparce el fuego, que puede destruir grandes zonas de árboles.

A veces, los bomberos arrojan retardadores de fuego desde un avión. Esta sustancia evita que el fuego se propague.

Incendio superficial

El incendio superficial es el tercer tipo de incendio forestal y el más común. Se produce al nivel del suelo.

Los bomberos a veces usan **cortafuegos** para detener este tipo de incendio. Los bomberos quitan franjas largas de pasto seco y maleza. Cuando el fuego llega a esas franjas, se apaga. Eso sucede porque el fuego se queda sin combustible para arder.

incendio de copas

incendio subterráneo

incendio superficial

viento que esparce el fuego

Un trabajador usa un tractor para quitar maleza y crear un cortafuegos.

Métodos y herramientas

Los bomberos usan muchas herramientas para apagar incendios. Muchas veces usan camiones de bomberos. Los camiones de bomberos tienen mangueras grandes. Los bomberos las usan para echar agua sobre las llamas. El agua puede bajar el calor del fuego. Sin calor, el fuego se apaga.

Los bomberos usan aviones para combatir algunos incendios. Esos aviones pueden recoger agua de lagos y océanos. Luego, arrojan el agua sobre las llamas.

Un bombero usa la manguera de un camión de bomberos para apagar un incendio forestal.

Un avión roza la superficie de un lago para cargar agua.

Matemáticas

Una ayuda del cielo

El gigantesco avión DC-10 ayuda a combatir incendios. Puede cargar hasta 45,000 litros (12,000 galones) de retardador de fuego. ¡Eso alcanza para llenar una piscina! Los pilotos calculan cuál es el mejor lugar para dejar caer el retardador. Si lo dejan caer demasiado pronto, se quedarán sin retardador. Si lo dejan caer demasiado tarde, ¡puede que no caiga sobre el fuego!

Mientras los aviones trabajan en el aire, las **cuadrillas** de bomberos trabajan rápido en tierra. Tratan de salvar a las personas y las casas. Cavan cortafuegos y rocían agua. Hacen todo lo que pueden para ayudar.

Las cuadrillas de bomberos pueden estar formadas por pocas personas. Pero en los incendios grandes pueden trabajar miles de personas. Las cuadrillas tienen que trabajar en equipo para apagar el incendio y mantener a las personas a salvo.

Un avión deja caer agua para evitar que el fuego se extienda.

Una cuadrilla trabaja en tierra para apagar un incendio.

Tecnología e ingeniería

Herramientas para reunir datos

A veces los bomberos usan **satélites** en el espacio como ayuda para combatir incendios. Los satélites registran la velocidad y la dirección del viento. También pueden mostrar los lugares donde la tierra está muy seca. Esa información señala hacia dónde podría propagarse un incendio. También puede ayudar a los bomberos a calcular a qué velocidad avanza un incendio.

Después del fuego

Los incendios forestales pueden causar muchos problemas. Una vez que se apaga el fuego, hay que enfrentar las consecuencias. Los incendios forestales afectan a las personas, las plantas y los animales.

Consecuencias para las personas

Algunas personas pierden su casa en un incendio. Tienen que buscar otro lugar donde vivir. Quizá tengan que reemplazar todas sus cosas. Puede ser un momento triste y difícil.

Una familia busca sus pertenencias entre los restos de su casa quemada.

Un incendio forestal destruyó este carro.

Estas casas fueron destruidas por un incendio forestal.

Consecuencias para la naturaleza

Los incendios también pueden afectar a las plantas y los animales. Lamentablemente, algunos incendios matan plantas y animales. Los bomberos trabajan mucho para salvar lo máximo posible. Pero a veces las llamas se mueven demasiado rápido.

Sin embargo, no todos los incendios forestales son dañinos. Algunas plantas necesitan el calor de los incendios para esparcir sus semillas. Algunos incendios matan insectos que dañan a los árboles. Eso ayuda a mantener sanos a los árboles.

Estos bomberos dan oxígeno a un perro después de rescatarlo de un incendio forestal.

Esta adelfilla crece después de un incendio forestal en el parque nacional Banff, en Canadá.

Un árbol perenne brota tras un incendio forestal.

La prevención

Los incendios forestales queman edificios. Dejan a personas y animales sin hogar. Para estar a salvo, es mejor prevenir los incendios antes de que se desaten.

Es importante quitar la maleza seca que hay cerca de las casas. Sin maleza, no hay combustible para el fuego. Los expertos aconsejan quitar la maleza al menos 30 metros (unos 100 pies) alrededor de una casa.

Zona 1 10 m (30 ft) rocas, pocas plantas pequeñas y arbustos pequeños

Zona 2 30 m (100 ft) pocos árboles y pasto

Los expertos en incendios dicen que las casas deberían tener dos zonas distintas a su alrededor.

Un hombre corta hierba seca en el jardín trasero de su casa.

Arte

El oso Smokey

El oso Smokey es un personaje creado en 1944. Ha aparecido en televisión y en carteles. ¡También está en las redes sociales! El oso Smokey pide a las personas que ayuden a detener los incendios. Les dice: "Solo tú puedes prevenir los incendios forestales".

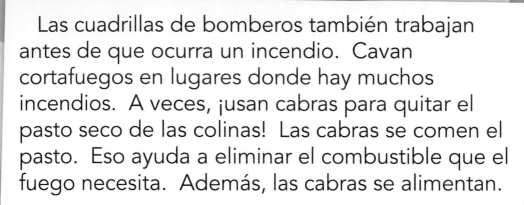

Las cuadrillas de bomberos también trabajan antes de que ocurra un incendio. Cavan cortafuegos en lugares donde hay muchos incendios. A veces, ¡usan cabras para quitar el pasto seco de las colinas! Las cabras se comen el pasto. Eso ayuda a eliminar el combustible que el fuego necesita. Además, las cabras se alimentan.

Lo más importante que pueden hacer las personas es pedir auxilio cuando ven fuego. Eso ayuda a los bomberos a apagar los incendios pequeños antes de que crezcan demasiado. Todos deben trabajar en equipo para detener los incendios forestales.

Una cuadrilla de bomberos quita árboles muertos en el bosque nacional de las Secuoyas.

PREVENT

SMOKEY

FOREST FIRES

DESAFÍO DE CTIAM

Define el problema

Últimamente ha habido muchos incendios forestales en tu zona. Los miembros de la cuadrilla de bomberos local te han pedido ayuda. Quieren que diseñes el terreno que rodea tu casa de manera tal que la proteja si se desata un incendio forestal.

 Limitaciones: Tu dibujo debe incluir tu casa, pasto, plantas, árboles y cualquier otra cosa que normalmente esté en el exterior de tu casa.

 Criterios: Tu diseño debe estar claramente rotulado y coloreado. Tu dibujo debe incluir símbolos y una leyenda que muestre lo que significan.

Investiga y piensa ideas

¿Qué son los incendios forestales? ¿Cuáles son las dos zonas que los expertos en incendios recomiendan que los dueños de las casas implementen? ¿Qué tres cosas necesita un incendio forestal para arder?

Diseña y construye

Bosqueja el diseño de tu casa. ¿Cuántas zonas tiene tu diseño? ¿Cuánto mide cada zona? Dibuja tu diseño.

Prueba y mejora

Comparte tu diseño con amigos. ¿Pueden ver de qué manera tu diseño protegerá tu casa? ¿Tu diseño tiene dos zonas? ¿Cómo puedes mejorarlo? Mejora tu diseño y vuelve a intentarlo.

Reflexiona y comparte

¿Podrías agregar a tu diseño una tecnología que avise a los dueños de la casa si se desata un incendio forestal? ¿De qué otras maneras se puede proteger las casas de un incendio forestal?

Glosario

columna: una forma delgada y alta de humo, agua u otro fluido

combustible: una cosa que se puede quemar

cortafuegos: el terreno sin plantas y árboles que evita que los incendios se propaguen

cuadrillas: grupos de personas que trabajan juntas

maleza: arbustos, matorrales y plantas pequeños

métodos: maneras de hacer algo

rayos: descargas eléctricas en forma de líneas muy brillantes que caen a tierra desde las nubes

satélites: máquinas que se envían al espacio para que se comuniquen con la Tierra

se propagan: se extienden

tubo de escape: el tubo de un carro o de una máquina que permite que escape el gas producido por el motor

Índice

Consejos profesionales
del Smithsonian

¿Quieres ayudar a prevenir incendios forestales?

Estos son algunos consejos para empezar.

"Nunca dejes una fogata encendida. Deja limpia la zona de la fogata después de apagarla y ayuda a otros a hacer lo mismo. También, enseña a los demás cómo prevenir incendios".
—*Frederick M. Gordon, bombero*

"Los incendios forestales pueden ser peligrosos. Pero también ayudan a algunas aves y plantas. Construye pajareras alrededor de tu casa. Las aves podrán usarlas como hogar en caso de incendio".
—*Dr. Matthew C. Larsen, director*